高校入試 ランク順

RANK

中学 英熟語

カード スタイル

CARD STYLE

Gakken

JN017585

👑 この本の特長

自分だけの暗記カードにできる！

この本は，オモテ面とウラ面で対の構成になっています。ミシン目で切り取って，付属のリングでとめれば，どこにでも持ち運びのできる暗記カードになります。

必要なカードを抜き出して，学校の行き帰りや休み時間などのすきま時間に，重要熟語や会話表現の確認をしましょう。

目標に応じたレベル別構成

この本の英熟語は，入試に出るランクの高い順に4つのレベルに分かれています。※会話表現にはレベルはありません。

「基本レベル」と「標準レベル」の2つのレベルは，めざす高校にかかわらず，すべての人が必ず学習すべき部分です。進学校をめざす人は，「高得点レベル」の熟語まで必ず学習してください。難関有名私立・国立校（中学校の教科書で学習する内容を超えた発展的な内容の問題が多く出題されるような高校）を受験する人は，「超ハイレベル」の熟語まで学習しましょう。

目標	基本レベル	標準レベル	高得点レベル	超ハイレベル
標準	必修		得点アップ	
進学校	必修			
難関国立私立	必修			得点アップ

👑 この本の熟語の表記

この本では，見出しの部分の熟語は，one'sや〜'sなどを使わず，具体的な代名詞で代表させて表記しています。また，具体的な形容詞や動詞を入れた方が覚えやすいものに関しても，入試に出やすい語を入れています。

例えば，want you to 〜（あなたに〜してもらいたい）のように表記されている場合，うすいグレーになっているyouの部分は，her, himなどに置き換えられることを表しています。

👑 この本の構成

オモテ面が熟語と例文, ウラ面が和訳になっています。オモテ面・ウラ面のどちらからでも確認できます。

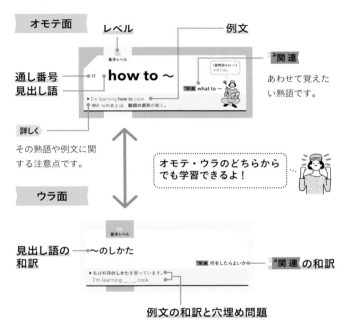

オモテ面

レベル

例文

関連

あわせて覚えたい熟語です。

通し番号
見出し語

詳しく

その熟語や例文に関する注意点です。

ウラ面

オモテ・ウラのどちらからでも学習できるよ！

見出し語の和訳

関連の和訳

例文の和訳と穴埋め問題

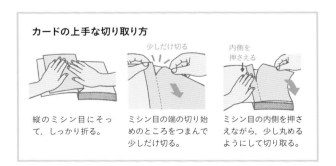

カードの上手な切り取り方

縦のミシン目にそって, しっかり折る。

ミシン目の端の切り始めのところをつまんで少しだけ切る。

ミシン目の内側を押さえながら, 少し丸めるようにして切り取る。

CONTENTS

高校入試ランク順 中学英熟語 カードスタイル

1 want to ～

> 関連 I'd like to ～.

▶ What do you **want to** be in the future?
詳しく want to be ～で「～になりたい」という意味になる。

基本レベル

2 a lot of ～

数えられる名詞にも，数えられない名詞にも使えるよ。

▶ I learned **a lot of** things from him.
詳しく a lot of に続く数えられる名詞は，**複数形**にする。

基本レベル

3 be going to ～

> 関連 will

▶ What **are** you **going to** do next Sunday?
詳しく be動詞は主語に合わせて，**am**，**are**，**is**を使い分ける。

基本レベル

4 have to ～

> 関連 don't have to ～

▶ He **has to** study English harder.
詳しく to のあとは**動詞の原形**。主語が he など3人称単数のときは **has** to ～ になる。

基本レベル

5 like to play
like playing

to のあとは**動詞の原形**が続くんだね。

▶ I **like to play** the piano with my sister.
詳しく like のあとに動詞のing形がきても，「演奏する**ことが好きだ**」の意味。

5

～したい

関連 ～したいのですが。　I'd _____ _____ ～.

▶ あなたは将来，何になり**たい**ですか。
What do you ___ ___ be in the future?

たくさんの～

▶ 私は彼から**たくさんの**ことを学びました。
I learned ___ ___ ___ things from him.

～するつもりだ

関連 助 ～するだろう

▶ あなたは次の日曜日は何をする**つもり**ですか。
What ___ you ___ ___ do next Sunday?

～しなければならない

関連 ～する必要はない

▶ 彼はもっと熱心に英語を勉強し**なければなり**ません。
He ___ ___ study English harder.

（スポーツをする・演奏する）
ことが好きだ

▶ 私は姉といっしょにピアノを**演奏する**のが好きです。
I ___ ___ **play** the piano with my sister.

6 How about 〜?

関連 Would you like 〜?

▶ **How about** this sweater?
詳しく 提案したり，相手に意見・感想をたずねたりするときによく使う。

7 one of 〜

関連 some of 〜

▶ **One of** my friends lives in Kyoto.
詳しく あとに続く名詞は複数形。動詞はlivesのように3人称単数・現在形にする。

8 be interested in 〜

be動詞は，主語と
現在・過去かによ
って使い分けるよ。

▶ I'm **interested in** studying abroad.
詳しく inのあとに動詞が続くときは，ing形にする。

9 I see.

関連 I got it.

▶ Hold your chopsticks like this. — **I see.**
詳しく この場合，×I saw.とはいわないことに注意！

10 try to 〜

try 〜ing なら「(ためし
に) 〜してみる」の意
味だよ。

▶ We should **try to** understand each other.
詳しく toのあとは，動詞の原形が続く。

～はどうですか。

関連 ～はいかがですか。　Would ＿＿＿ ＿＿＿ ～?

▶ こちらのセーターはどうですか。
＿＿ ＿＿ this sweater?

～のうちの1つ

関連 ～のいくつか

▶ 私の友達の1人は京都に住んでいます。
＿＿ ＿＿ my friends lives in Kyoto.

～に興味がある

▶ 私は外国で勉強することに興味があります。
I'm ＿＿＿ ＿＿ studying abroad.

わかった。／なるほど。

関連 わかった。／了解。　I g＿＿＿ it.

▶ おはしは，こうやって持ってね。―わかった。
Hold your chopsticks like this.—＿＿ ＿＿.

～しようとする

▶ 私たちはお互いに理解しようとするべきです。
We should ＿＿ ＿＿ understand each other.

8

11 **how to ~**

〈疑問詞＋to ~〉
の形だね。

関連 what to ~

▶ I'm learning **how to** cook.
詳しく　toのあとは，**動詞の原形**が続く。

12 **listen to ~**

▶ I like to **listen to** music.
詳しく　耳をかたむけて，注意してよく聞くというときに使う。

13 **Can I ~?**

May I ~?よりもくだけ
た言い方だよ。

▶ **Can I** use your bike?
詳しく　**Sure.**（いいですよ。）や**Go ahead.**（どうぞ。）などと応じる。

14 **for example**

関連 such as ~

▶ **For example**, in Korea, many people use chopsticks.
詳しく　具体的な例をあげるときに使う。

15 **of course**

▶ Can I use your bike? —Yes, **of course**.
詳しく　許可を求める文の応答としても使われる。

～のしかた

関連 何をしたらよいか

▶ 私は料理の**しかた**を習っています。
I'm learning __ __ cook.

～を聞く

▶ 私は音楽**を聞く**ことが好きです。
I like to ___ __ music.

～してもいいですか。

▶ あなたの自転車を使ってもいいですか。
__ __ use your bike?

例えば

関連 〈例えば〉～のような _____ as ～

▶ **例えば**，韓国では，多くの人がおはしを使っています。
__ ___, in Korea, many people use chopsticks.

もちろん

▶ あなたの自転車を使ってもいいですか。―ええ，**もちろん**です。
Can I use your bike? — Yes, __ ___.

16

基本レベル

May I ～?

Can I ～?よりもていねいな言い方だよ。

▶ **May I** ask you a question?

詳しく 「いいですよ。」と応じるときは，**Sure.** や **Certainly.** などを使う。

17

基本レベル

stay in ～
stay at ～

関連 stay with ～

▶ Mr. Brown **stayed in** Japan for three months.

詳しく ふつう，in のあとは比較的**広い範囲**，at のあとは比較的**狭い地点**がくる。

18

基本レベル

have a good time

good の代わりに，**great**，**wonderful** などを使うこともあるよ。

▶ Did you **have a good time** there?

19

基本レベル

be happy to ～

関連 be glad to ～

▶ We **are happy to** see Lisa.

詳しく to のあとは，動詞の原形が続く。

20

基本レベル

look for ～

買い物や道をたずねる場面などでよく使うよ。

▶ I'm **looking for** a white shirt.

基本レベル

～してもいいですか。

▶ 質問をしてもいいですか。
___ ___ ask you a question?

基本レベル

～に滞在する

> 関連 ～の家に泊まる

▶ ブラウンさんは3か月間，日本に滞在しました。
Mr. Brown ___ ___ Japan for three months.

基本レベル

楽しい時を過ごす

▶ あなたはそこで楽しい時を過ごしましたか。
Did you ___ ___ **good** ___ there?

基本レベル

～してうれしい

> 関連 ～してうれしい　be g_____ _____ ～

▶ 私たちはリサに会えてうれしいです。
We ___ ___ ___ see Lisa.

基本レベル

～をさがす

▶ 私は白いシャツをさがしています。
I'm ___ ___ a white shirt.

基本レベル

21 How long 〜?

▶ **How long** are you going to stay here**?** — For a week.
詳しく 期間や時間，物の長さをたずねるときに使われる。

基本レベル

22 a little

関連 **a few 〜**

▶ I can play the guitar **a little**.
詳しく 程度を表して，「少し」という意味。

基本レベル

23 Can you 〜?

関連 **Will you 〜?**
Could you 〜?

▶ **Can you** tell me about the book**?**
詳しく 友達同士など，相手に気軽に依頼するときに使われる。

基本レベル

24 more than 〜

> more than のあとは「数」がくることが多いよ。

▶ Our school had **more than** 300 students last year.
詳しく more than 300は，厳密には300を含まないので「301人以上」ということになる。

基本レベル

25 in the future

> want to 〜 といっしょに使われることも多いよ。

▶ What do you want to be **in the future**?

どのくらい〜

▶ あなたは**どのくらい**ここに滞在する予定ですか。―1週間です。
__ __ are you going to stay here? — For a week.

少し, 少しの

＊関連 少しの〜/2, 3の〜　a _____ 〜

▶ 私はギターを**少し**弾くことができます。
I can play the guitar __ __.

〜してくれますか。

＊関連 〜してくれますか。　W___ ___ 〜?
〜していただけますか。　C_____ ____ 〜?

▶ その本について私に教えて**くれますか**。
__ __ tell me about the book?

〜以上, 〜よりもっと

▶ 私たちの学校には昨年300人**以上の**生徒がいました。
Our school had ___ ___ 300 students last year.

将来は

▶ あなたは**将来**何になりたいですか。
What do you want to be __ __ __?

14

26 I'd like to ～.
=I would like to ～.

▶ I'd like to go there with you.

詳しく I'dは I wouldの短縮形。I want to ～.のていねいな言い方。

27 some of ～

▶ I couldn't answer some of the questions.

詳しく あとに数えられる名詞がくるときは，複数形にする。

28 want you to ～

> want to ～（～したい）との意味のちがいに注意！

▶ I want you to come with me.

詳しく wantのあとには「人」，to のあとには動詞の原形が続く。

29 decide to ～

▶ Mari decided to go abroad.

詳しく to のあとは，動詞の原形が続く。

30 each other

▶ We smiled at each other.

詳しく ×smiled each otherとしないように注意。atが必要。

～したいのですが。

▶ 私はあなたとそこへ行き**たいのですが**。
I'd ___ ___ go there with you.

～のいくつか, ～のいくらか

▶ 私は質問**のいくつか**に答えられませんでした。
I couldn't answer ___ ___ the questions.

あなたに～してもらいたい

▶ 私は**あなたに**いっしょに来**てもらいたい**です。
I ___ **you** ___ come with me.

～しようと決心する

▶ 真理は外国へ行こう**と決心しました**。
Mari ___ ___ go abroad.

お互い

▶ 私たちは**お互い**にほほえみ合いました。
We smiled at ___ ___.

31 work at ～

関連 work for ～

▶ My mother **works at** a hospital.

基本レベル

32 need to ～

don't need to ～は「～する必要はない」「～しなくてもよい」という意味だよ。

▶ We **need to** think about our future.
詳しく toのあとは**動詞の原形**が続く。

基本レベル

33 as tall as ～

関連 not as hot as ～

▶ Nancy is **as tall as** Mary.
詳しく asとasの間には，形容詞・副詞の**原級(もとの形)**が入る。

基本レベル

34 a few ～

関連 a little

▶ **A few** days later, we went to the zoo.
詳しく あとには，**数えられる名詞の複数形**がくる。

基本レベル

35 take care of ～

Take care of yourself.だと「体に気をつけて」「お大事に」という意味になるよ。

▶ I need to **take care of** my sister today.
詳しく careは「世話，注意」という意味。

17

基本レベル

～で働く, ～に勤めている

関連 ～に勤めている

▶ 私の母は病院で働いています。
My mother ___ ___ a hospital.

基本レベル

～する必要がある

▶ 私たちは自分たちの将来について考える必要があります。
We ___ ___ think about our future.

基本レベル

～と同じくらい背が高い

関連 ～ほど暑くはない _____ _____ hot _____ ～

▶ ナンシーはメアリーと同じくらいの背の高さです。
Nancy is __ **tall** __ Mary.

基本レベル

少しの～,
2, 3の～

関連 少し, 少しの

▶ 2,3日後, 私たちは動物園へ行きました。
___ ___ days later, we went to the zoo.

基本レベル

～の世話をする

▶ 私は今日, 妹の世話をする必要があります。
I need to ___ ___ ___ my sister today.

36 for a long time

関連 for a short time

▶ Mr. Brown has lived in Japan **for a long time**.
詳しく 現在完了形(ずっと〜している)の文でよく使われる。

37 in front of 〜

関連 behind

▶ Ken is sitting **in front of** the door.

38 many kinds of 〜

関連 a kind of 〜

▶ You can see **many kinds of** animals there.
詳しく このkindは「**種類**」という意味の名詞。

39 from A to B

▶ That shop is open **from Monday to Saturday**.
詳しく A, Bには, **時**を表す語句や**場所**を表す語句がくる。

40 Shall we 〜?

Sure./OK.（いいです よ。）などと応じるよ。

▶ **Shall we** play tennis after school?
詳しく **誘う**ときの表現。**Let's 〜.（〜しよう。）**とほぼ同じ意味。

19

長い間

関連 少しの間

▶ ブラウンさんは日本に**長い間**住んでいます。
Mr. Brown has lived in Japan __ a ___ ___.

～の前に

関連 前 ～の後ろに　b_____

▶ 健はドア**の前に**すわっています。
Ken is sitting __ ___ __ the door.

いろいろな種類の～

関連 一種の～

▶ あなたはそこで**いろいろな種類**の動物を見ることができます。
You can see ___ ___ __ animals there.

AからBまで

▶ あの店は**月曜日から土曜日まで**営業しています。
That shop is open ___ **Monday** __ **Saturday**.

(いっしょに)～しましょうか。

▶ 放課後にテニスをしましょうか。
___ __ play tennis after school?

41 get to 〜

> to のあとは場所を表す語句が続くよ。

▶ How can I **get to** the station?
詳しく How can I get to 〜?は**道をたずねる**場面で使われる。

42 Why don't you 〜?

基本レベル

関連 How about 〜?

▶ **Why don't you** come with me?
詳しく **相手を誘う**ときや，何かを**提案する**ときに使われる。

43 be able to 〜

基本レベル

> to のあとは動詞の原形だよ。

▶ I **was able to** win the game.
詳しく be動詞は，主語と現在・過去かによって使い分ける。

44 worry about 〜

基本レベル

▶ You don't have to **worry about** the weather.

45 be born

基本レベル

▶ My sister **was born** on May 20, 2010.
詳しく 生まれた日付をいうときは，**on**を使う。

21

基本レベル

～に着く

▶ 駅へはどうやって**行けますか**。
How can I __ __ the station?

基本レベル

～しませんか。／～してはどうですか。

関連 ～はどうですか。 H____ _____ ～?

▶ 私といっしょに**来ませんか**。
__ __ __ come with me?

基本レベル

～することができる

▶ 私はその試合に**勝つことができました**。
I **was** ___ __ win the game.

基本レベル

～について心配する

▶ 天気**について心配する**必要はありません。
You don't have to ___ ___ the weather.

基本レベル

生まれる

▶ 私の妹は2010年5月20日に**生まれました**。
My sister __ ___ on May 20, 2010.

46 I'd like 〜.

関連 Would you like 〜?

▶ **I'd like** some tea.

詳しく I'dはI wouldの短縮形。I want 〜.よりていねいな言い方。

47 around the world

all over the world
も同じ意味だね。

▶ His music is loved by people **around the world**.

詳しく aroundは「〜のまわりに, 〜のあちこちを」などの意味。

48 out of 〜

▶ He took some coins **out of** his pocket.

49 How much 〜?

関連 How many 〜?

▶ **How much** is it? — It's fifty dollars.

50 give up

Don't give up!
(あきらめないで!)

▶ Tom never **gave up** his dream.

詳しく gaveはgiveの過去形。

基本レベル

～がほしいのですが。

関連 ～はいかがですか。

▶ お茶がほしいのですが。
I'd ___ some tea.

基本レベル

世界中で

▶ 彼の音楽は**世界中で**人々に愛されています。
His music is loved by people ___ **the** ___.

基本レベル

～から(外へ)

▶ 彼はポケット**から**コインを何枚か取り出しました。
He took some coins __ __ his pocket.

基本レベル

～はいくら

関連 いくつの～ H___ _____ ～?

▶ いくらですか。— 50ドルです。
__ __ is it? — It's fifty dollars.

基本レベル

あきらめる, やめる

▶ トムは自分の夢を決して**あきらめ**ませんでした。
Tom never ___ __ his dream.

24

51 what to do

関連 how to ~

▶ Please tell me **what to do** next.
詳しく what to do はひとまとまりで，**動詞の目的語**になっている。

52 wait for ~

▶ You don't have to **wait for** them.
詳しく for のあとは「人」やバス・電車などの「乗り物」がくることが多い。

53 all over ~

関連 around the world

▶ Sushi is eaten **all over** the world.
詳しく 国など，**場所を表す語句**が続く。

54 be surprised to ~

toのあとは動詞
の原形だよ。

▶ We **were surprised to** see a famous singer on the train.
詳しく 驚いた理由や原因を表す。

55 Here you are. Here it is.

Here it is. は，探し
物をしている場面
でよく使われるよ。

▶ May I have some cookies? — Sure. **Here you are.**
詳しく 物を**手渡す**ときに使う。

何をしたらよいか

関連 ～のしかた

▶ 次に何をしたらよいか私に教えてください。
Please tell me ___ ___ **do** next.

～を待つ

▶ あなたは彼らを待つ必要はありません。
You don't have to ___ ___ them.

～中で, ～のいたるところで

関連 世界中で _____ the world

▶ すしは世界中で食べられています。
Sushi is eaten __ ___ the world.

～して驚く

▶ 私たちは電車で有名な歌手に会って驚きました。
We were ___ ___ see a famous singer on the train.

はい, どうぞ。

▶ クッキーを食べてもいいですか。— いいですよ。はい, どうぞ。
May I have some cookies? — Sure. ___ **you** __.

56 at that time

関連 then

▶ Jane was in her room **at that time**.

57 be good at ～

▶ My sister **is good at** playing tennis.
詳しく あとに動詞がくるときは，**動詞はing形**にする。

58 by the way

話の途中で**話題を変える**ときに使うよ。

▶ **By the way**, when are you going to leave Japan?

59 have been to ～

現在完了形の**「経験」**を表す文に使われるよ。

▶ Mike **has been to** China three times.
詳しく 主語が**3人称単数**なら，**has**を使う。

60 go out

関連 get out

▶ I decided to **go out** for dinner.
詳しく 「部屋から出ていく」なら，**go out of** the roomと表す。

そのとき, 当時

▶ ジェーンは**そのとき**自分の部屋にいました。
Jane was in her room ___ ___ ___.

〜が得意だ, 〜がじょうずだ

▶ 私の姉はテニスをする**のがじょうず**です。
My sister ___ ___ ___ playing tennis.

ところで

▶ **ところで**, いつ日本を発つ予定ですか。
___ ___ ___, when are you going to leave Japan?

〜へ行ったことがある

▶ マイクは3回, 中国**へ行ったことがあります**。
Mike ___ ___ ___ China three times.

外出する

▶ 私は夕食を食べに**外出する**ことにしました。
I decided to ___ ___ for dinner.

61 What kind of ～?

関連 many kinds of ～

▶ **What kind of** music do you like? — I like pop music.

詳しく このkindは**「種類」**という意味。

62 Would you like ～?

関連 I'd like ～.

▶ **Would you like** a cup of tea?

詳しく 人に物をすすめるときに使う。Do you want ～?のていねいな言い方。

63 at first

▶ **At first**, I couldn't understand what he said.

詳しく I couldn't understand what he said, **at first**. の語順でもよい。

64 look like ～

like のあとは、名詞や代名詞が続くよ。

▶ Your house **looks like** a castle.

65 Shall I ～?

相手に申し出るときの表現だね。

▶ **Shall I** bring you something to drink? — Yes, please.

詳しく 断るときは、**No, thank you.**（いいえ、結構です。）などと応じる。

どんな種類の〜

いろいろな種類の〜

▶ あなたは**どんな種類の**音楽が好きですか。―私はポピュラー音楽が好きです。
___ ___ ___ music do you like? — I like pop music.

〜はいかがですか。

〜がほしいのですが。 I'd _____ 〜.

▶ お茶**はいかがですか。**
___ ___ like a cup of tea?

最初は

▶ **最初は**，私は彼が何を言っているのか理解できませんでした。
___ ___, I couldn't understand what he said.

〜のように見える，
〜に似ている

▶ あなたの家はお城**のように見えます。**
Your house ___ ___ a castle.

(私が)〜しましょうか。

▶ あなたに何か飲むものを持ってき**ましょうか。**―はい，お願いします。
___ ___ bring you something to drink? — Yes, please.

30

66 標準レベル

for the first time

first の前には the をつけるよ。

▶ I tried sushi **for the first time** when I visited Japan.

---

67 標準レベル

don't have to ～

関連 have to ～

▶ You **don't have to** worry about that.
詳しく 主語がheなど3人称単数のときは，doesn't have to ～になる。

---

68 標準レベル

over there

関連 over here

▶ The girl standing **over there** is my sister.

---

69 標準レベル

between A and B

▶ There are many differences **between Japan and America**.
詳しく 「(3つ以上の）間に」というときは，amongを使う。

---

70 標準レベル

ask him to ～

この ask は「たずねる」ではなく，「頼む」という意味だよ。

▶ Could you **ask him to** call me back?
詳しく askのあとに「人」を表す語句がくる。

31

初めて

▶ 私は日本を訪れたときに，**初めて**すしを食べてみました。
I tried sushi __ the ___ ___ when I visited Japan.

～する必要はない

関連 ～しなければならない

▶ あなたはそのことを心配**する必要はありません**。
You ____ ___ __ worry about that.

向こうに, あそこで

関連 こちらに, こちらの方へ

▶ **向こうに**立っている少女は私の妹です。
The girl standing ____ ___ is my sister.

AとBの間に

▶ 日本とアメリカの**間には**，たくさんの違いがあります。
There are many differences ____ **Japan** __ **America**.

彼に～するように頼む

▶ **彼に**私へ電話をかけ直す**ように頼んで**いただけますか。
Could you __ **him** __ call me back?

71 take a picture

▶ May I **take a picture** here?

72 come and see

▶ Please **come and see** me if you have time.
詳しく andのあとには**動詞**が続く。このseeは「会う」という意味。

73 the way to ～

関連 how to ～

▶ Could you tell me **the way to** the post office?

74 stay with ～

「(ホテルなど) に滞在する」なら, stay at ～だよ。

▶ I'm going to **stay with** a host family for a week.

75 walk to ～

▶ I **walk to** school every morning.
詳しく go to school on foot (徒歩で学校へ行く) と表すこともできる。

写真を撮る

▶ ここで**写真を撮って**もいいですか。
May I ___ **a** ___ here?

会いに来る

▶ 時間があれば，私に**会いに来て**ください。
Please ___ ___ **see** me if you have time.

〜へ行く道, 〜する方法

関連 〜のしかた

▶ 郵便局**へ行く道**を教えていただけますか。
Could you tell me ___ ___ **to** the post office?

〜の家に泊まる

▶ 私は1週間，ホストファミリー**の家に泊まる**予定です。
I'm going to ___ ___ a host family for a week.

〜へ歩いていく

▶ 私は毎朝，学校**へ歩いていき**ます。
I ___ ___ school every morning.

76 **next to ～**

場所・位置だけでなく,「～の次に」と順序も表す。

▶ I sat **next to** Jane.

---

77 **arrive at ～**
arrive in ～

arrive **at** school, arrive **in** Tokyo のように使うよ。

▶ When I **arrived at** the station, it started to rain.
詳しく ふつう, **at** のあとは比較的**狭い地点**が, **in** のあとは比較的**広い範囲**が続く。

---

78 **like ～ (the) best**

関連 like A better than B

▶ I **like** English **the best** of all subjects.
詳しく **the**は**省略**されることもある。

---

79 **be kind to ～**

▶ He **was kind to** me.
詳しく be動詞は, 主語と現在・過去かによって使い分ける。

---

80 **Welcome to ～.**

Welcome home. (我が家へようこそ。) というときは, to は入らないよ。

▶ **Welcome to** our school.

標準レベル

〜のとなりに

▶ 私はジェーンのとなりにすわりました。
I sat ___ ___ Jane.

標準レベル

〜に着く

▶ 私が駅に着くと，雨が降り始めました。
When I ___ ___ the station, it started to rain.

標準レベル

〜がいちばん好きだ

関連 BよりもAのほうが好きだ

▶ 私は全部の教科の中で英語がいちばん好きです。
I ___ English the ___ of all subjects.

標準レベル

〜に親切である

▶ 彼は私に親切でした。
He ___ ___ ___ me.

標準レベル

〜へようこそ。

▶ 私たちの学校へようこそ。
___ ___ our school.

81 go into ～

関連 go out of ～

▶ This car can **go into** small spaces.

82 put on ～

電気やテレビなどを「つける」というときにも使うよ。

関連 take off ～

▶ Please teach me how to **put on** a *kimono*.
詳しく 衣服などの語とよくいっしょに使う。

83 May I help you?

買い物の場面などで使われるよ。

▶ **May I help you?** — Yes, I'm looking for a blue skirt.

84 Would you like to ～?

関連 I'd like to ～.

▶ **Would you like to** have lunch together?
詳しく **Do you want to ～?** のていねいな言い方。to のあとは**動詞の原形**。

85 be famous for ～

▶ Our town **is famous for** its beautiful lake.

〜に入る

関連 〜から出ていく ＿＿＿ ＿＿＿ of 〜

▶ この車は狭いところに入ることができます。
This car can ＿＿ ＿＿ small spaces.

〜を身につける

関連 〜を脱ぐ

▶ どうやって着物を着るのか私に教えてください。
Please teach me how to ＿＿ ＿＿ a *kimono*.

何かお探しですか。
／いらっしゃいませ。

▶ 何かお探しですか。―はい。青いスカートを探しています。
May I ＿＿ ＿＿? ― Yes, I'm looking for a blue skirt.

〜しませんか。

関連 〜したいのですが。

▶ いっしょに昼食を食べませんか。
Would you ＿＿ ＿＿ have lunch together?

〜で有名である

▶ 私たちの町は美しい湖で有名です。
Our town ＿＿ ＿＿ ＿＿ its beautiful lake.

標準レベル

86 **May I speak to ～?**

電話で相手を呼び出し
てもらうときに使うよ。

▶ **May I speak to** Mary, please**?**

標準レベル

87 **Sounds good.**

▶ Let's go on a picnic.— **Sounds good.**
　詳しく 相手の提案などを聞いて，それに対して**同意**を示すときに使われる。

標準レベル

88 **on his way to ～**

▶ Paul visited Japan **on his way to** China.
　詳しく 主語が I なら on **my** way to ～，they なら on **their** way to ～となる。

標準レベル

89 **look forward to ～**

進行形の文で使わ
れることが多いよ。

▶ I'm **looking forward to** going to the concert.
　詳しく to のあとに動詞が続くとき，動詞は**ing形**にする。

標準レベル

90 **～ and so on**

▶ Tom showed me many American movies, books **and so on**.
　詳しく ふつう，**文の最後**におかれる。

39

[電話で]〜さんをお願いします。

▶ メアリーさんをお願いします。
__ I ___ __ Mary, please?

よさそうですね。

▶ ピクニックに行きましょう。—よさそうですね。
Let's go on a picnic. — ___ ___.

〜へ行く途中で

▶ ポールは中国へ行く途中で日本を訪れました。
Paul visited Japan __ **his** __ __ China.

〜を楽しみに待つ

▶ 私はそのコンサートへ行くのを楽しみにしています。
I'm ___ ___ __ going to the concert.

〜など

▶ トムは私に多くのアメリカの映画，本などを見せてくれました。
Tom showed me many American movies, books __ __ __.

91 speak to ～

関連 talk to ～

▶ I **spoke to** Sarah in French.

92 both A and B

関連 either A or B

▶ I'll study **both Japanese and English** harder.

93 do my best

主語が you のときは，do your best となるよ。

▶ I'll **do my best**.
　詳しく 過去の文なら，I **did my best**. となる。

94 without saying

▶ They sat for hours **without saying** a word.
　詳しく withoutは「～なしで」という意味。

95 not ～ at all

Not at all.なら「どういたしまして。」という意味にもなるよ。

▶ You **don't** have to worry **at all**.
　詳しく 否定の意味を強めるときに使われる。

〜に話しかける, 〜と話す

関連 〜と話をする, 〜に話しかける

▶ 私はフランス語でサラに話しかけました。
I ___ ___ Sarah in French.

AもBも両方とも

関連 AかBかどちらか

▶ 私は日本語も英語ももっと一生懸命に勉強します。
I'll study ___ **Japanese** ___ **English** harder.

全力をつくす

▶ 私は全力をつくします。
I'll ___ my ___.

言わないで

▶ 彼らは一言も言わないで何時間もすわっていました。
They sat for hours ___ ___ a word.

少しも〜ない

▶ あなたたちは少しも心配する必要はありません。
You ___ have to worry ___ ___.

42

96 **a kind of ～**

関連 **many kinds of ～**

▶ Kira is **a kind of** traditional costume in Bhutan.

詳しく この kind は**「種類」**という意味。

---

97 **not ～ yet**

> No, not yet. なら「いいえ，まだです。」の意味だよ。

▶ I have **not** decided **yet**.

詳しく **現在完了形**の文でよく使われる。

---

98 **get well**
get better

▶ I hope you'll **get well** soon.

詳しく この well は**「健康で，元気で」**という意味。

---

99 **because of ～**

> 原因や理由を言うときに使うよ。

関連 **thanks to ～**

▶ Many buses were late **because of** the snow.

詳しく Many buses were late **because** it was snowing. と書きかえられる。

---

100 **these days**

関連 **in those days**

▶ It's getting colder **these days**.

詳しく 文の最後だけでなく，最初におくこともある。

43

一種の〜

関連 いろいろな種類の〜

▶ キラはブータンの**一種の**伝統的な衣装です。
Kira is **a** ___ ___ traditional costume in Bhutan.

まだ〜ない

▶ 私は**まだ**決めてい**ません**。
I have ___ decided ___.

よくなる

▶ 私はあなたがすぐに**よくなる**ことを願っています。
I hope you'll ___ ___ soon.

〜のために

関連 〜のおかげで

▶ 雪**のために**多くのバスが遅れました。
Many buses were late ___ ___ the snow.

このごろ, 最近

関連 そのころは, 当時は in _____ _____

▶ **このごろ**だんだん寒くなってきています。
It's getting colder ___ ___.

101 no one

▶ **No one** knows where the restaurant is.
　詳しく　現在の文のとき，動詞はknowsのように**3人称単数・現在形**にする。

102 a piece of ～

> It's a piece of cake.
> は「それは簡単なこ
> とだよ。」の意味。

▶ This box is made with **a piece of** paper.
　詳しく　advice（アドバイス）など，**数えられない名詞を数えるとき**に使う。

103 any other ～

▶ Do you have **any other** questions?

104 go down ～

▶ They'll **go down** the mountain tomorrow.
　詳しく　道案内でも使う。Go down this street.は「この通りを行ってください」。

105 come true

▶ Your dream will **come true**.

だれも〜ない, 1人も〜ない

▶ そのレストランがどこにあるか**だれも**知り**ません**。
　__ __ knows where the restaurant is.

1枚の〜, 1切れの〜

▶ この箱は**1枚の**紙で作られています。
　This box is made with __ ___ __ paper.

ほかに何か〜, ほかのどの〜

▶ **ほかに何か**質問はありますか。
　Do you have __ ___ questions?

〜を降りる, 下がる

▶ 彼らは明日, 山**を降りる**でしょう。
　They'll __ ___ the mountain tomorrow.

実現する

▶ あなたの夢は**実現する**でしょう。
　Your dream will ___ ___.

106 agree with ～

「反対する」は disagreeだよ。

▶ I agree with you.

詳しく with のあとは「人」だけでなく，his **opinion**（彼の意見）などもくる。

107 get off

⌐関連 get on ～

▶ Where should I **get off**?

詳しく 電車・バス・飛行機などの乗り物から「降りる」ときに使う。

108 have a chance to ～

▶ I'll **have a chance to** talk with him next week.

詳しく toのあとは動詞の原形が続く。

109 thanks to ～

⌐関連 because of ～

▶ **Thanks to** you, I won first prize.

110 come in

⌐関連 come into ～

▶ Ms. Beck told me to **come in**.

～に同意する

▶ 私はあなたの意見に同意します。
I ___ ___ you.

降りる

> 関連 (バス・電車など)に乗る

▶ 私はどこで降りるべきですか。
Where should I ___ ___?

～する機会がある

▶ 私は来週, 彼と話をする機会があるでしょう。
I'll ___ **a** ___ ___ talk with him next week.

～のおかげで

> 関連 ～のために

▶ あなたのおかげで, 私は優勝しました。
___ ___ you, I won first prize.

入る

> 関連 ～に入ってくる

▶ ベック先生は私に入るように言いました。
Ms. Beck told me to ___ ___.

48

111 a long time ago

long agoもほぼ同じ意味だよ。

▶ A long time ago, there was a big clock here.

詳しく 過去の文で使われる。

112 help me with ～

▶ Can you help me with my homework?

詳しく helpのあとには「人」を表す語句が続く。

113 be afraid of ～

▶ Don't be afraid of making mistakes.

詳しく ofのあとに動詞のing形がくることもある。

114 like A better than B

AとBには、同じ種類のものが入るよ。

▶ I like spring better than winter.

詳しく 2つのものを比べて、どちらがより好きかを言うときに使う。

115 have fun

関連 have a good time

▶ I hope you have fun in Japan.

ずっと前に

▶ **ずっと前に**，ここには大きな時計がありました。
A ___ ___ ___, there was a big clock here.

私の〜を手伝う

▶ **私の**宿題**を手伝って**くれますか。
Can you ___ **me** ___ my homework?

〜をこわがる, 〜をおそれる

▶ 間違えること**をおそれて**はいけません。
Don't ___ ___ ___ making mistakes.

BよりもAのほうが好きだ

▶ 私は冬よりも春のほうが好きです。
I ___ spring ___ ___ winter.

楽しむ

> 関連 楽しい時を過ごす _____ a good _____

▶ 私はあなたが日本で楽しい経験をすることを願っています。
I hope you ___ ___ in Japan.

50

116 some day

関連 one day

▶ I want to visit Hawaii **some day**.
詳しく これから先の未来のことを表す。

117 since then

▶ I haven't seen her **since then**.
詳しく 現在完了形（継続）の文で使われることが多い。

118 be different from ～

関連 be the same as ～

▶ Your idea **is different from** mine.

119 not very ～

▶ I'm **not very** good at swimming.
詳しく veryは**not**といっしょに使うと，**「あまり～ではない」**の意味になる。

120 at last

finallyとほぼ同じ意味だね。

関連 at first

▶ They have arrived at the South Pole **at last**.
詳しく 文の最後だけでなく，最初におくこともある。

(未来の)いつか

関連 (過去の)ある日, (未来の)いつか

▶ 私は**いつか**ハワイを訪れたいです。
I want to visit Hawaii ___ ___.

そのとき以来

▶ 私は**そのとき以来**ずっと彼女に会っていません。
I haven't seen her ___ ___.

〜と異なる, 〜と違っている

関連 〜と同じである　be the _____ ___ 〜

▶ あなたの考えは私の**と異なります**。
Your idea **is** ___ ___ mine.

あまり〜ではない

▶ 私は泳ぐことが**あまり得意ではありません**。
I'm ___ ___ good at swimming.

ついに, とうとう

関連 最初は

▶ 彼らは**ついに**南極点に到達しました。
They have arrived at the South Pole ___ ___.

121 have a cold

関連 get over a cold

▶ I think you **have a cold**.

122 walk around ～

関連 look around ～

▶ My grandma likes **walking around** the park.
詳しく aroundは「～のまわりに，～のあちこちに」などの意味。

123 get on ～

電車・バス・飛行機などの乗り物に「乗る」ときに使うよ。

関連 get off

▶ Where can I **get on** the bus for Osaka?

124 in fact

▶ He says math is difficult. But **in fact**, it's easy.
詳しく 前の文の内容を強調・訂正するときに使われることが多い。

125 I'm afraid that ～.

thatは省略されることが多いよ。

▶ **I'm afraid that** you are wrong.
詳しく 望ましくないことや，言いにくいことを伝えるときに使う。

かぜをひいている

関連 かぜを治す _____ _____ a cold

▶ あなたは**かぜをひいている**と思います。
I think you ___ **a** ___.

〜を歩き回る

関連 〜を見回す

▶ 私のおばあちゃんは公園**を歩き回ること**が好きです。
My grandma likes ___ ___ the park.

〜に乗る

関連 (電車・バスなどから)降りる

▶ どこで大阪行きのバス**に乗る**ことができますか。
Where can I __ __ the bus for Osaka?

実は, 実際は

▶ 彼は数学が難しいと言います。しかし, **実は**簡単です。
He says math is difficult. But __ ___, it's easy.

(残念ながら)〜ではないかと思う。

▶ **残念ながら**あなたは間違っている**のではないかと思います**。
___ ___ **that** you are wrong.

126 Would you ～?

標準レベル

関連 Could you ～?

▶ **Would you** tell me about your country? — Sure.

詳しく 依頼するときの表現。「いいですよ。」と応じるときは，**Sure./OK.** などを使う。

127 most of ～

標準レベル

関連 some of ～

▶ **Most of** the children are interested in sports.

詳しく ofのあとは，**名詞の複数形**のほか**数えられない名詞**もくる。

128 sit on ～

標準レベル

関連 sit down

▶ Who is that girl **sitting on** the chair?

詳しく **sitting** は sit の ing形。

129 What's wrong?

標準レベル

関連 What's the matter?

▶ You don't look well. **What's wrong?**

詳しく 具合が悪そうな人などに，**様子をたずねる**ときに使う。

130 find out ～

標準レベル

> findの過去形はfound
> だということも覚えて
> おこう。

▶ I'm sure they will **find out** the truth.

～していただけますか。

関連 ～していただけますか。 C_____ ____ ～?

▶ あなたの国について教えて**いただけますか**。— いいですよ。
 ___ __ tell me about your country? — Sure.

～のほとんど, ～の大部分

関連 ～のいくつか, ～のいくらか

▶ その子どもたち**のほとんど**はスポーツに興味があります。
 ___ __ the children are interested in sports.

～にすわる

関連 すわる, 着席する

▶ いす**にすわっている**あの女の子はだれですか。
 Who is that girl ___ __ the chair?

どうしたのですか。

関連 どうしたのですか。 _____ the m_____?

▶ あなたは具合が悪そうですね。**どうしたのですか。**
 You don't look well. ___ ___?

～を見つけ出す, ～だとわかる

▶ 彼らはきっと真実**を見つけ出す**でしょう。
 I'm sure they will ___ __ the truth.

131 **at the same time**

▶ We started to run **at the same time**.

この smile は名詞だね。

132 **with a smile**

▶ "Hello, everyone," Ms. Hill said **with a smile**.

詳しく このwithは**様子を表して**、「〜で，〜をもって」という意味。

talk to myself は「ひとり言を言う」の意味だよ

133 **say to myself**

▶ I **said to myself**, "What's happening?"

詳しく 主語がheなら say to **himself**，sheなら say to **herself**となる。

134 **grow up**

関連 **bring up 〜**

▶ I want to be a pilot when I **grow up**.

135 **make a mistake**

make **mistakes** と複数形になることもあるよ。

▶ I **made a mistake** on the test.

詳しく ×*do* a mistakeとは言わない。makeを使う。

57

同時に

▶ 私たちは**同時に**走り始めました。
We started to run __ **the** ___ ___.

ほほえみながら

▶ ヒル先生は**ほほえみながら**「こんにちは, みなさん」と言いました。
"Hello, everyone," Ms. Hill said ___ **a** ___.

心の中で思う

▶ 私は「何が起こっているの？」と**心の中で思いました**。
I ___ ___ ___, "What's happening?"

大人になる, 成長する

関連 ～を育てる

▶ 私は**大人になった**らパイロットになりたいです。
I want to be a pilot when I ___ ___.

間違える

▶ 私はテストで**間違えました**。
I ___ ___ ___ on the test.

136 **by myself**

▶ I went shopping **by myself**.

詳しく **for myself** なら「**自分のために，自分で**」という意味。

137 **each of ～**

関連 **both of ～**

▶ **Each of** the children has their own room.

詳しく **each of ～**のまとまりは，ふつう**単数の主語**として扱う。

138 **far away**

関連 **away from ～**

▶ Look at that castle **far away**.

詳しく **far away from ～**で「**～から遠くに，遠く離れて**」という意味。

139 **make a speech**

▶ I'm going to **make a speech** at school next week.

詳しく この**make**は「**～をする**」という意味。

140 **be proud of ～**

beは主語によって
使い分けよう。

▶ **I'm proud of** my daughter.

標準レベル

1人で, 独力で

▶ 私は1人で買い物に行きました。
I went shopping ___ ___.

標準レベル

それぞれの〜

関連 〜の両方とも

▶ **それぞれの**子どもたちは自分の部屋を持っています。
___ ___ the children has their own room.

標準レベル

遠くに

関連 〜から離れて

▶ **遠くにある**あのお城を見て。
Look at that castle ___ ___.

標準レベル

スピーチをする

▶ 私は来週, 学校で**スピーチをする**予定です。
I'm going to ___ ___ ___ at school next week.

標準レベル

〜を誇りに思う

▶ 私は娘のこと**を誇りに思います**。
I'm ___ ___ my daughter.

141 **come out of ～**

▶ My sister **came out of** her room.
詳しく come outには「（本などが）発売される，世に出る」という意味もある。

142 **at the end of ～**

関連 at the beginning of ～

▶ **At the end of** class, I asked Ms. Brown a question.
詳しく ofのあとには，「**時**」や「**場所**」を表す語句が続く。

143 **call me back**

電話でのやりとりで使われるよ。

▶ Could you ask him to **call me back**?

144 **Let me see.**

Let's see.もほぼ同じ意味だよ。

▶ Are you free tomorrow? — **Let me see.** Yes, I am.
詳しく 少し考えるときや，返答がすぐに出ないときなどに使う。

145 **go away**

▶ Susan smiled at me and **went away**.

〜から出てくる

▶ 私の姉が自分の部屋**から出てき**ました。
My sister ___ ___ ___ her room.

〜の終わりに

関連 〜の初めに

▶ 授業**の終わりに**，私はブラウン先生に質問をしました。
___ the ___ ___ class, I asked Ms. Brown a question.

私に電話をかけ直す

▶ 彼に**私に電話をかけ直す**ように頼んでいただけますか。
Could you ask him to ___ **me** ___?

ええと。

▶ 明日は暇ですか。—**ええと。**はい，暇です。
Are you free tomorrow? — **Let** ___ ___. Yes, I am.

立ち去る

▶ スーザンは私にほほえみ，そして**立ち去り**ました。
Susan smiled at me and ___ ___.

146 **look up**

関連 look down

▶ If you **look up** at the sky, you'll see the beautiful moon.
詳しく あとに **up at** が続くと，「**〜を見上げる**」という意味。

147 **continue to 〜**

continue 〜ingも
ほぼ同じ意味だよ。

▶ Mother Teresa **continued to** work for the poor.
詳しく toのあとは**動詞の原形**が続く。

148 **smile at 〜**

関連 laugh at 〜

▶ John **smiled at** Jenny and said, "Good morning."

149 **after a while**

関連 for a while

▶ **After a while**, it stopped raining.
詳しく whileは「**少しの時間**」という意味。

150 **sound like 〜**

ふつう進行形には
しないよ。

▶ It **sounds like** a good idea.
詳しく sound likeのあとには**名詞**がくる。

63

高得点レベル

見上げる, ～を調べる

> 関連 見下ろす

▶ 空を**見上げる**と，美しい月が見えます。
If you ＿＿ ＿＿ at the sky, you'll see the beautiful moon.

高得点レベル

～し続ける

▶ マザー・テレサは貧しい人たちのために働き**続けました**。
Mother Teresa ＿＿＿ ＿＿ work for the poor.

高得点レベル

～にほほえみかける

> 関連 ～を(見て)笑う

▶ ジョンはジェニー**にほほえみかけ**，「おはよう」と言いました。
John ＿＿＿ ＿＿ Jenny and said, "Good morning."

高得点レベル

しばらくして

> 関連 しばらくの間 for ＿＿＿ ＿＿＿＿＿＿＿

▶ **しばらくして**，雨がやみました。
＿＿＿ a ＿＿＿, it stopped raining.

高得点レベル

～のように聞こえる

▶ それはいい考え**のように聞こえます**。[→いい考えですね。]
It ＿＿＿ ＿＿ a good idea.

64

151 be made of ～

beは主語や現在・過去かによって形が変わるよ。

▶ This pencil box **is made of** wood.

詳しく 製品を見て材料がわかるときはbe made of ～で，わからないときはbe made from ～。

---

152 soon after ～

関連 as soon as ～

▶ **Soon after** the trip, I received a letter from him.

詳しく soon afterのあとは，名詞や〈主語＋動詞 ～〉の文の形が続く。

---

153 stay up

▶ Mike **stayed up** late last night.

---

154 take off ～

「（飛行機が）離陸する」という意味もあるよ。

関連 put on ～

▶ Ann **took off** her hat and put it on the desk.

---

155 right now

関連 at once

▶ I have to go home **right now**.

詳しく このrightは**「ちょうど」**という意味。

～でできている

▶ この筆箱は木でできています。
This pencil box **is** __ __ wood.

～のすぐあとに

°関連 ～するとすぐに

▶ その旅行**のすぐあとに**，私は彼から手紙を受け取りました。
__ __ the trip, I received a letter from him.

(寝ないで)起きている，
夜ふかしする

▶ マイクは昨夜，遅くまで**起きていました**。
Mike ___ ___ late last night.

～を脱ぐ

°関連 ～を身につける

▶ アンは帽子**を脱ぐ**と，それを机の上に置きました。
Ann __ __ her hat and put it on the desk.

今すぐ，ただ今

°関連 すぐに at _____

▶ 私は**今すぐ**家に帰らなければなりません。
I have to go home ___ ___.

156

again and again

同じ語を and でつないで、意味を強めているよ。

▶ Jim asked me the same question **again and again**.

157

A as well as B

▶ Lisa studies hard **at home as well as at school**.

158

the other day

▶ I met Ms. Brown **the other day**.
詳しく ふつう，**過去の文**で使われる。

159

in time

関連 on time

▶ Sam arrived at school just **in time**.
詳しく in time for ～の形で使われると，**「～に間に合う」**という意味になる。

160

How old ～?

年齢・古さをたずねるときに使うね。

▶ **How old** is your school**?**
詳しく 建物に使われると，**「建てられてから何年か」**という意味。

何度も, くり返して

▶ ジムは私に同じ質問を**何度も**しました。
Jim asked me the same question ___ **and** ___.

Bと同様にAも

▶ リサは**学校と同様に家でも**熱心に勉強します。
Lisa studies hard **at home** ___ ___ ___ **at school.**

先日

▶ 私は**先日**, ブラウン先生に会いました。
I met Ms. Brown ___ ___ ___.

間に合って

関連 時間通りに

▶ サムはちょうど**間に合う**ように学校に着きました。
Sam arrived at school just ___ ___.

～は何歳

▶ あなたの学校は**創立何年**ですか。
___ ___ is your school?

161 such as ～

> 関連 for example

▶ I like sea animals **such as** whales and dolphins.
詳しく 例をあげるときに使われる。

162 for a while

> 関連 for some time

▶ He thought **for a while** and said, "I can't decide."
詳しく after a while（しばらくして）と区別して覚えておこう。

163 run away

run の過去形は ran だよ。

▶ When the boy saw Ms. Smith, he **ran away**.

164 take a message

> 関連 leave a message

▶ Can I **take a message**?

165 more and more

▶ **More and more** people will visit our town.

(例えば)～のような

関連 例えば

▶ 私はクジラやイルカの**ような**海の動物が好きです。
I like sea animals __ __ whales and dolphins.

しばらくの間

関連 しばらくの間　for _____ time

▶ 彼は**しばらくの間**考えて，「私は決められない」と言いました。
He thought __ __ __ and said, "I can't decide."

走り去る, 逃げる

▶ その少年はスミスさんを見ると，**走り去りました**。
When the boy saw Ms. Smith, he __ __.

[電話で]伝言を預かる, 伝言を受ける

関連 [電話で]伝言を残す

▶ **伝言を預かり**ましょうか。
Can I __ __ __?

ますます, だんだん

▶ **ますます**多くの人たちが私たちの町を訪れるでしょう。
__ **and** __ people will visit our town.

166 write to ～

関連 write back

▶ Don't forget to **write to** me.

詳しく Write me back.（返事を書いてね。）のように, to を使わない場合もある。

167 both of ～

数えられる名詞の複数形といっしょに使うよ。

▶ **Both of** these words mean "move."

168 have a headache

ache は「痛み」という意味だよ。

▶ What's wrong? ― I **have a headache**.

詳しく **have a stomachache** なら「お腹が痛い」という意味になる。

169 pick up ～

▶ He told me to **pick up** the can.

詳しく **pick the can up** という語順でもよい。

170 be over

▶ When the game **was over**, it began to rain.

詳しく be動詞は, 主語と現在・過去かによって使い分ける。

〜に手紙[メール]を書く

関連 返事を書く

▶ 忘れずに私に手紙[メール]を書いて。
Don't forget to ＿＿ ＿＿ me.

〜の両方とも

▶ これらの単語の両方とも「移動する」という意味を表します。
＿＿ ＿＿ these words mean "move."

頭痛がする

▶ どうしたのですか。ー頭痛がするのです。
What's wrong?ー I ＿＿ ＿＿ ＿＿.

〜を拾い上げる, 〜を車で迎えにいく

▶ 彼は私にその缶を拾い上げるように言いました。
He told me to ＿＿ ＿＿ the can.

終わる

▶ 試合が終わると，雨が降り始めました。
When the game ＿＿ ＿＿, it began to rain.

高得点レベル

171　away from ～

関連 far away

▶ Our school is about 5 kilometers **away from** the station.

高得点レベル

172　take part in ～

participate in ～も
ほぼ同じ意味だよ。

▶ Are you going to **take part in** the marathon race tomorrow?

高得点レベル

173　get angry

この get は「～になる」
という意味だよ。

▶ My mother **gets angry** when I watch TV for a long time.

高得点レベル

174　all the time

▶ Jim is late **all the time**.

高得点レベル

175　Hold on, please.

関連 hang up

▶ May I speak to Bob? — Sure. **Hold on, please.**
詳しく hold onは「電話を切らないでおく」という意味。

73

～から離れて

関連 遠くに f___ _____

▶ 私たちの学校は5キロメートルほど駅**から離れて**います。
Our school is about 5 kilometers __ __ the station.

～に参加する

▶ あなたは明日のマラソン大会**に参加する**つもりですか。
Are you going to __ __ __ the marathon race tomorrow?

怒る

▶ 私が長い間テレビを見ていると，母は**怒ります**。
My mother __ __ when I watch TV for a long time.

いつも, その間ずっと

▶ ジムは**いつも**遅刻します。
Jim is late __ **the** __.

[電話で]お待ちください。

関連 電話を切る h_____ _____

▶ ボブをお願いします。— はい。**お待ちください。**
May I speak to Bob? — Sure. __ __, **please.**

74

176 leave a message

高得点レベル

関連 take a message

▶ Can I **leave a message**?
詳しく この leave は**「預ける，残す，置いていく」**という意味。

177 Which do you like better, A or B?

高得点レベル

関連 like A better than B

▶ **Which do you like better**, soccer or baseball?
詳しく 2つのものを比べてたずねるときに使う。

178 I'm sure that ～.

高得点レベル

that は省略することもできるよ。

▶ **I'm sure that** your dream will come true.
詳しく この sure は**「確信して」**という意味。

179 How often ～?

高得点レベル

頻度や回数をたずねる文だよ。

▶ **How often** do you play soccer? － Three times a week.
詳しく 答えの文では，once（1回），twice（2回），～ times（～回）などを使う。

180 wake up

高得点レベル

関連 get up

▶ Judy **woke up** early in the morning.

[電話で]伝言を残す，
伝言を頼む

関連 [電話で]伝言を預かる

▶ [電話で]**伝言を頼め**ますか。
Can I ___ ___ ___?

AとBではどちらのほうが好きですか。

関連 BよりもAのほうが好きだ　like A _____ _____ B

▶ サッカーと野球では**どちらのほうが好きですか。**
___ do you like ___, soccer ___ baseball?

きっと〜と思う。

▶ **きっと**あなたの夢はかなうだろう**と思います。**
I'm ___ ___ your dream will come true.

どのくらいの頻度で〜

▶ あなたは**どのくらいの頻度で**サッカーをしますか。一週に3回です。
___ ___ do you play soccer?-Three times a week.

目を覚ます

関連 起きる

▶ ジュディーは朝早く**目を覚ましました。**
Judy ___ ___ early in the morning.

181

graduate from ~

graduation は名詞で、「卒業」という意味。

▶ My sister will **graduate from** high school in March.

182

be full of ~

▶ The students' faces **were full of** joy.
　詳しく be動詞は主語と現在・過去かによって使い分ける。

183

be impressed with ~

▶ We **were impressed with** her speech.
　詳しく withの代わりにbyが使われることもある。

184

I mean ~.

▶ **I mean** I've been there but I don't know how to get there.
　詳しく I meanのあとには接続詞のthatが省略されている。

185

take a walk

関連 **go for a walk**

▶ My father **takes a walk** in the park every morning.

〜を卒業する

▶ 私の姉は3月に高校を**卒業する**予定です。
My sister will ___ ___ high school in March.

〜でいっぱいである

▶ 生徒たちの顔は喜び**でいっぱいでした**。
The students' faces ___ ___ ___ joy.

〜に感動する

▶ 私たちは彼女のスピーチ**に感動しました**。
We ___ ___ ___ her speech.

〜という意味である。

▶ 私はそこへ行ったことがありますが，行き方はわからない**という意味です**。
___ ___ I've been there but I don't know how to get there.

散歩する

関連 散歩に行く _____ _____ a walk

▶ 父は毎朝，公園を**散歩します**。
My father ___ **a** ___ in the park every morning.

186 even if 〜

if のあとは、〈主語＋動詞 〜〉の文の形が続くよ。

▶ You should try to speak in English **even if** you're not good at it.

187 throw away 〜

▶ We should not **throw away** plastic bottles.
　詳しく 語順に注意。×throw *away it* とはしない。

188 not as hot as 〜

関連 as tall as 〜

▶ Tokyo is **not as hot as** Hawaii.
　詳しく Tokyo is **colder than** Hawaii.（東京はハワイより寒い。）と書きかえられる。

189 belong to 〜

belong は状態を表すので、ふつうは進行形にしないよ。

▶ Do you **belong to** any clubs at school?

190 in this way

▶ Tom's family spends their summer vacation **in this way** every year.

たとえ〜だとしても

▶ たとえ得意でないとしても，英語で話そうと努めるべきです。
You should try to speak in English __ __ you're not good at it.

〜を捨てる

▶ 私たちはペットボトルを捨てるべきではありません。
We should not __ __ plastic bottles.

〜ほど暑くはない

関連 〜と同じくらい高い _____ tall _____ 〜

▶ 東京はハワイほど暑くはありません。
Tokyo is __ __ **hot** __ Hawaii.

〜に所属する

▶ あなたは学校で何かクラブに所属していますか。
Do you __ __ any clubs at school?

このように

▶ トムの家族は毎年このように夏休みを過ごします。
Tom's family spends their summer vacation __ __ __ every year.

191

高得点レベル

either A or B

> both A and B なら「AもBも両方とも」という意味だよ。

▶ **Either** Ken **or** I have to go there.
　詳しく　動詞の形はBに合わせる。×Either Ken or I *has* to 〜とはしない。

192

高得点レベル

learn to 〜

▶ The baby **learned to** walk.
　詳しく　to のあとは**動詞の原形**がくる。

193

高得点レベル

go abroad

▶ These days many students **go abroad**.
　詳しく　×go *to* abroad としないこと。abroad の前に to は入れない。

194

高得点レベル

get out of 〜

> 乗り物や場所を表す語句といっしょに使われることが多いよ。

▶ We **got out of** the taxi and walked to the park.

195

高得点レベル

look around 〜

▶ When I was **looking around** the shop, a man spoke to me.

AかBかどちらか

▶ 健か私かどちらかがそこへ行かなければなりません。
___ Ken __ I have to go there.

～するようになる

▶ その赤ちゃんは歩くようになりました。
The baby ___ __ walk.

外国へ行く

▶ 近ごろ，多くの生徒が外国へ行きます。
These days many students __ ___.

～から降りる, ～から外へ出る

▶ 私たちはタクシーから降りて，公園まで歩きました。
We __ __ __ the taxi and walked to the park.

～を見回す

▶ 店を見回していると，男性が私に話しかけてきました。
When I was ___ ___ the shop, a man spoke to me.

196
not only A but also B

also は省略されることもあるよ。

▶ Ken speaks **not only English but also Spanish**.
詳しく Ken speaks Spanish **as well as** English.と書きかえることもできる。

197
too busy to ～

▶ Lisa is **too busy to** come to the party.
詳しく Lisa is **so** busy **that** she **can't** come to the party.と書きかえることもできる。

198
long ago

関連 a long time ago

▶ This tool was used in Japan **long ago**.
詳しく 文の最後だけでなく，最初におくこともある。

199
be covered with ～

▶ About two thirds of the earth **is covered with** water.
詳しく 受け身の文。be動詞は，主語と現在・過去かによって使い分ける。

200
prepare for ～

prepare はつづりを間違えやすいので注意!

▶ I **prepared for** my speech.

AだけでなくBも

▶ 健は英語だけでなくスペイン語も話します。

Ken speaks __ __ **English** __ **also Spanish**.

忙しすぎて〜できない

▶ リサは忙しすぎてパーティーに来ることができません。

Lisa is __ **busy** __ **come to the party**.

ずっと前に

関連 ずっと前に a _____ _____ ago

▶ この道具はずっと前に日本で使われていました。

This tool was used in Japan __ __.

〜でおおわれている

▶ 地球の約3分の2は水でおおわれています。

About two thirds of the earth **is** ___ __ water.

〜の準備をする

▶ 私はスピーチの準備をしました。

I ___ __ my speech.

高得点レベル

201 **How do you like 〜?**

▶ **How do you like** Japan?

詳しく 相手に**感想**をたずねるときに使われる。

高得点レベル

202 **a cup of 〜**

coffee（コーヒー），tea（紅茶）などの飲み物に使うよ。

▶ Would you like **a cup of** coffee?

詳しく 複数のときは，**two cups of** 〜，**three cups of** 〜のようになる。

高得点レベル

203 **be ready to 〜**

to のあとは動詞の原形だよ。

▶ **Are** you **ready to** leave, Sally?

高得点レベル

204 **take out 〜**

▶ Jim **took out** a map from his bag.

詳しく tookはtakeの過去形。

高得点レベル

205 **take away 〜**

▶ Please **take away** these books.

詳しく awayは移動や消去を表して，「あちらに」などの意味。

～はいかがですか。

▶ 日本はいかがですか。
__ **do you** __ Japan?

カップ1杯の～

▶ **カップ1杯の**コーヒーはいかがですか。
Would you like __ __ __ coffee?

～する用意ができている

▶ 出発**する用意ができている**かい，サリー。
__ you __ __ leave, Sally?

～を取り出す

▶ ジムはかばんから地図**を取り出し**ました。
Jim __ __ a map from his bag.

～をかたづける，～を持ち去る

▶ これらの本**をかたづけて**ください。
Please __ __ these books.

高得点レベル

206 try on ～

店で衣服などを試着したいときに使われる表現だよ。

▶ May I **try** it **on**?

詳しく it などがくるときは，×try on *it* ではなく，try it onの語順になる。

高得点レベル

207 depend on ～

▶ We **depend on** other countries for oil.

高得点レベル

208 at the age of ～

▶ Joe visited Japan for the first time **at the age of** twenty.

詳しく この age は「**年齢**」という意味。

高得点レベル

209 be in trouble

▶ Thank you for helping me when I **was in trouble**.

詳しく この trouble は「**困難，めんどうなこと**」という意味。

高得点レベル

210 cut down ～

cut は原形と過去形・過去分詞の形が同じだよ。

▶ Someone **cut down** the tree last night.

〜を試着する

▶ それを**試着しても**いいですか。
May I __ it __?

〜に頼る，〜次第である

▶ 私たちは石油をほかの国**に頼って**います。
We ___ __ other countries for oil.

〜歳のときに

▶ ジョーは20**歳のときに**初めて日本を訪れました。
Joe visited Japan for the first time __ **the** __ __ twenty.

困っている

▶ 私が**困っていた**ときに助けてくれてありがとうございました。
Thank you for helping me when I **was** __ ___.

〜を切り倒す

▶ だれかが昨夜，その木**を切り倒し**ました。
Someone __ __ the tree last night.

211 see a doctor

高得点レベル

go to see a doctor の形でもよく使われるよ。

▶ You don't look well. You should **see a doctor**.

212 Go ahead.

高得点レベル

▶ Can I use your bike? ― Sure. **Go ahead.**
詳しく 相手に何かを**すすめる**ときや，**順番を譲る**ときなどに使われる。

213 little by little

高得点レベル

この by は「〜ずつ」という意味。

▶ She ate the stew **little by little**.

214 get out

高得点レベル

▶ Peter shouted, "**Get out** now!"

215 suffer from 〜

高得点レベル

▶ Some people were **suffering from** hunger.

医者にみてもらう

▶ 具合が悪そうですね。**医者にみてもらう**べきですよ。
You don't look well.　You should ___ a ___.

さあ, どうぞ。

▶ あなたの自転車を使ってもいいですか。ーもちろん。**さあ, どうぞ。**
Can I use your bike?ーSure.　___ ___.

少しずつ

▶ 彼女は**少しずつ**そのシチューを食べました。
She ate the stew ___ ___ ___.

外に出る

▶ ピーターは「今すぐ**外に出るんだ！**」と叫びました。
Peter shouted, "___ ___ now!"

〜に苦しむ, (病気)にかかる

▶ 飢えに苦しんでいる人たちもいました。
Some people were ___ ___ hunger.

216 come up

この up は方向を表して，「〜の方へ」の意味だよ。

▶ Ann **came up** and spoke to me.
詳しく cameはcomeの過去形。

217 as soon as 〜

▶ I called my mother **as soon as** I arrived at the airport.

218 far from 〜

否定文や疑問文で使われることが多いよ。

▶ My house is not **far from** here.

219 be late for 〜

▶ Hurry up, or you'll **be late for** school.
詳しく be動詞は，主語と現在・過去かによって使い分ける。

220 forget to 〜

▶ She sometimes **forgets to** bring her lunch.
詳しく toのあとは**動詞の原形**が続く。

近づく, やってくる

▶ アンは**近づいてきて**私に話しかけました。
Ann __ __ and spoke to me.

～するとすぐに

▶ 私は空港に着く**とすぐに**母親に電話をしました。
I called my mother __ __ __ I arrived at the airport.

～から遠い, ～から遠くに

▶ 私の家はここ**から遠く**はありません。
My house is not __ __ here.

～に遅れる

▶ 急ぎなさい, そうしないと学校に**遅れる**よ。
Hurry up, or you'll **be** __ __ school.

～するのを忘れる

▶ 彼女はときどき昼食を持ってくる**のを忘れ**ます。
She sometimes __ __ bring her lunch.

221

高得点レベル

say hello to ～

関連 say goodbye to ～

▶ **Say hello to** your parents.

詳しく helloの代わりに **hi** が使われることもある。

222

高得点レベル

fall down

fallは不規則動詞。
fall-fell-fallenと
変化するよ。

▶ She **fell down** and hurt her arm.

223

高得点レベル

not ～ any more

▶ I'm **not** going to wait **any more**.

224

高得点レベル

get together

▶ Let's **get together** next Friday.

225

高得点レベル

one after another

▶ Students came into the classroom **one after another**.

詳しく anotherは「別のもの，別の人」という意味。

～によろしくと言う

関連 ～にさようならを言う

▶ あなたのご両親によろしくと言ってください。
__ __ __ your parents.

倒れる, 落ちる

▶ 彼女は倒れて腕をけがしました。
She __ __ and hurt her arm.

これ以上～ない, 今はもう～ない

▶ 私はこれ以上待つつもりはありません。
I'm __ going to wait __ __.

集まる

▶ 次の金曜日に集まりましょう。
Let's __ __ next Friday.

次々と

▶ 生徒たちが次々と教室に入ってきました。
Students came into the classroom __ after __.

226 do well

高得点レベル

過去の文なら，**did** well となるよ。

▶ I know I have to **do well**.

---

227 clean up ～

高得点レベル

この up は「**すっかり，完全に**」という意味だよ。

▶ Have you **cleaned up** your room yet?

---

228 hear from ～

高得点レベル

関連 hear about ～

▶ I hope to **hear from** you soon.
　詳しく 手紙やメールなどで，結びの言葉として使われる。

---

229 go through ～

高得点レベル

関連 go by

▶ The bus **went through** the town.
　詳しく through は「**通して，終わりまで**」という意味。

---

230 once a week

高得点レベル

関連 once a year

▶ I practice the guitar **once a week**.

うまくやる

▶ 私は**うまくやら**なければならないことはわかっています。
I know I have to __ __.

～をかたづける, ～をきれいにそうじする

▶ あなたはもう自分の部屋**をかたづけ**ましたか。
Have you __ __ your room yet?

～から連絡がある

関連 ～について聞く

▶ 私はすぐにあなた**から連絡がある**ことを望んでいます。[→返事を待っています。]
I hope to __ __ you soon.

～を通り抜ける

関連 通りすぎる, (年月が)たつ

▶ バスは町**を通り抜け**ました。
The bus __ __ the town.

週に1回

関連 年に1回

▶ 私は**週に1回**ギターを練習します。
I practice the guitar __ __ __.

231 高得点レベル

so tired that he can't ~

過去の文なら, can't ではなく, couldn't を使うよ。

▶ Jack is **so tired that he can't** run.

詳しく Jack is **too** tired **to** run. と書きかえることもできる。

232 高得点レベル

be surprised at ~

関連 be surprised to ~

▶ I **was surprised at** what she said.

233 高得点レベル

leave for ~

▶ What time do you usually **leave for** school?

詳しく leaveは不規則動詞。leave-**left**-**left** と変化することも覚えておこう。

234 高得点レベル

as hard as you can

過去の文なら, couldを使うよ。

▶ You have to practice **as hard as you can**.

詳しく You have to practice **as hard as possible**.と書きかえることもできる。

235 高得点レベル

die of ~

▶ In the past, many people **died of** hunger.

97

とても疲れているので彼は〜できない

▶ ジャックはとても疲れているので走ることができません。
Jack is __ tired __ **he** __ run.

〜に驚く

関連 〜して驚く

▶ 私は彼女が言ったこと**に驚きました。**
I __ __ __ what she said.

〜に向けて出発する

▶ あなたはふつう，学校へ行くのに何時に**出発しますか。**
What time do you usually ___ __ school?

できるだけ熱心に

▶ あなたは**できるだけ熱心に**練習しなければなりません。
You have to practice __ **hard** __ **you** __.

〜で死ぬ

▶ 昔は，多くの人が飢えで死にました。
In the past, many people ___ __ hunger.

98

超ハイレベル

236 **at least**

least は「もっとも少ない，最小」という意味だよ。

▶ Sarah checks her e-mail **at least** twice a day.

超ハイレベル

237 **put out ~**

▶ He **put out** his hand to shake hands with me.

超ハイレベル

238 **as usual**

関連 usually

▶ My father was reading a newspaper in the living room **as usual**.

超ハイレベル

239 **Take it easy.**

人をなだめるときや別れるときのあいさつとして使うよ。

▶ You don't have to worry about it. **Take it easy.**

超ハイレベル

240 **write down ~**

▶ The students **wrote down** the sentence.
詳しく 「これを書きとめなさい。」なら Write this down. という語順になる。

超ハイレベル

少なくとも

▶ サラは**少なくとも**1日に2回はメールをチェックします。
Sarah checks her e-mail __ __ twice a day.

超ハイレベル

～を出す, ～を消す

▶ 彼は私と握手するために手**を出しました**。
He __ __ his hand to shake hands with me.

超ハイレベル

いつものように

`関連` 副 ふつうは

▶ 私の父は**いつものように**居間で新聞を読んでいました。
My father was reading a newspaper in the living room __ __.

超ハイレベル

気楽にね。／無理しないでね。

▶ そのことを心配する必要はないよ。**気楽にいこう。**
You don't have to worry about it. __ **it** __.

超ハイレベル

～を書きとめる

▶ 生徒たちはその文**を書きとめました**。
The students __ __ the sentence.

超ハイレベル

241 any of ～

▶ You can read **any of** the books here.

詳しく of のあとには，**名詞の複数形や複数を表す語句**がくる。

超ハイレベル

242 get married

▶ She's going to **get married** in June.

詳しく ×get *marry* ではなく，married とすることに注意。

超ハイレベル

243 catch a cold

関連 have a cold

▶ If you walk in the rain for hours, you'll **catch a cold**.

超ハイレベル

244 hurry up

命令文で使われる
ことが多いよ。

▶ **Hurry up**, or you'll miss the train.

超ハイレベル

245 at once

関連 right now

▶ When I entered the shop, a clerk came up to me **at once**.

～のどれでも, ～のどれか

▶ ここにある本の**どれでも**読むことができます。
You can read __ __ the books here.

結婚する

▶ 彼女は6月に**結婚する**予定です。
She's going to __ __ in June.

かぜをひく

関連 かぜをひいている

▶ 何時間も雨の中を歩けば, **かぜをひく**でしょう。
If you walk in the rain for hours, you'll ___ __ __.

急ぐ

▶ **急ぎなさい**, そうしないと電車に乗り遅れます。
___ ___, or you'll miss the train.

すぐに

関連 今すぐ, ただ今

▶ 私がその店に入ると, 店員が**すぐに**私のところにやってきました。
When I entered the shop, a clerk came up to me __ __.

102

超ハイレベル

246 all around ～

▶ There are many flowers **all around** the town.
詳しく all over ～ （～のいたるところで）もほぼ同じ意味を表す。

超ハイレベル

247 in those days

関連 these days

▶ In those days, bananas were expensive.

超ハイレベル

248 You're kidding.

▶ I got a gold medal. — **You're kidding.**
詳しく Are you kidding?, No kidding. も同じ意味で使われる。

超ハイレベル

249 used to ～

used は [ユーストゥ] と
発音するよ。

▶ I **used to** play with dolls when I was little.
詳しく 助動詞のように使われ，toのあとは**動詞の原形**が続く。

超ハイレベル

250 the same as ～

▶ Becky doesn't want to wear **the same clothes as** others.
詳しく the sameとasの間に**名詞**がくることもある。

～中に, あたり一面に

▶ 町中にたくさんの花があります。
There are many flowers __ ___ the town.

そのころは, 当時は

関連 このごろ, 最近

▶ そのころは, バナナは高価なものでした。
__ those ___, bananas were expensive.

冗談でしょう。

▶ 私は金メダルを取りました。 — 冗談でしょう。
I got a gold medal. — ___ ___.

よく～したものだ, ～だった

▶ 私は小さいころよく人形遊びをしたものです。
I __ __ play with dolls when I was little.

～と同じ

▶ ベッキーはほかの人と同じ洋服は着たくありません。
Becky doesn't want to wear ___ ___ **clothes** __ others.

251 **wish for ~**

▶ All parents **wish for** their children's happiness.

252 **no more**

関連 no longer ~

▶ We have **no more** time.
詳しく We **don't** have **any more** time.と書きかえることもできる。

×*there* and *here*
とはいわないよ。

253 **here and there**

▶ Cherry blossoms are blooming **here and there**.

254 **no longer ~**

関連 no more ~

▶ This bookstore **no longer** sells that magazine.
詳しく This bookstore **doesn't** sell that magazine **any longer**.と書きかえられる。

on time   in time

255 **on time**

関連 in time

▶ In Japan, trains usually come **on time**.

～を望む

▶ すべての親は子どもたちの幸せを望んでいます。
All parents __ __ their children's happiness.

もう(これ以上)～ない

関連 もはや～ない

▶ 私たちにはもうこれ以上時間がありません。
We have __ __ time.

あちこちで

▶ 桜の花があちこちで咲いています。
Cherry blossoms are blooming __ **and** ___.

もはや～ない

関連 もう(これ以上)～ない

▶ この書店ではもうその雑誌を売っていません。
This bookstore __ ___ sells that magazine.

時間通りに

関連 間に合って

▶ 日本では，電車はたいてい時間通りに来ます。
In Japan, trains usually come __ __.

256 introduce A to B

▶ I'll introduce you to my parents.

257 Please help yourself.

▶ Please help yourself. — Thanks. It looks delicious.

詳しく 食べ物などを**「自分で自由に取ってください。」**というときに使う。

258 turn off ～

関連 turn on ～

▶ You should turn off the light when you leave the room.

259 feel sorry for ～

feel の代わりに**be動詞**が使われることもあるよ。

▶ I feel sorry for these dogs.

詳しく feel のあとに形容詞が続くと、**「～と感じる」**という意味になる。

260 pay for ～

▶ I'll pay for lunch.

AをBに紹介する

▶ あなたを私の両親に紹介します。
I'll ___ you ___ my parents.

どうぞご自由に召し上がってください。

▶ どうぞご自由に召し上がってください。－ありがとう。おいしそうですね。
Please ___ ___.－Thanks. It looks delicious.

(テレビ・明かりなど)を消す

関連 (テレビ・明かりなど)をつける

▶ 部屋を出るときは電気を消すべきです。
You should ___ ___ the light when you leave the room.

～を気の毒に思う

▶ 私はこれらの犬を気の毒に思います。
I ___ ___ ___ these dogs.

～の代金を払う

▶ 私が昼食の代金を払います。
I'll ___ ___ lunch.

261 seem to 〜

to のあとは**動詞の原形**だよ。

▶ His story **seems to** be true.

詳しく seemはいろいろな状況や様子などにもとづいた判断を表す。

262 in the end

関連 **at last**

▶ **In the end**, my parents agreed with me.

詳しく 文の最初だけでなく，最後におかれることもある。

263 on the other hand

▶ Many people don't like snakes. **On the other hand**, some people love them.

詳しく ふつう，前に述べた内容とあとの内容を**対比**するときに使われる。

264 in order to 〜

▶ We planted trees **in order to** save the forest.

詳しく 「**目的**」を表す。toのあとは**動詞の原形**が続く。

265 as long as 〜

条件を伝えるときに使うよ。

▶ You can use my bike **as long as** I can have it back by five.

詳しく as long asのあとには，〈**主語＋動詞 〜**〉の文の形が続く。

～のように思われる, ～のようだ

▶ 彼の話は本当のように思われます。
His story ___ ___ be true.

ついに, 最後は

関連 ついに, とうとう

▶ 最終的には, 両親は私に賛成してくれました。
In ___ ___, my parents agreed with me.

他方では

▶ 多くの人はヘビが好きではありません。**他方では**, ヘビが大好きな人もいます。
Many people don't like snakes. ___ **the** ___ ___, some people love them.

～するために

▶ 私たちはその森を守る**ために**木を植えました。
We planted trees ___ ___ ___ save the forest.

～する限りは, ～さえすれば

▶ 5時までに戻して**くれるなら**私の自転車を使ってもいいですよ。
You can use my bike ___ ___ ___ I can have it back by five.

266 be sick in bed

超ハイレベル

▶ Tom has **been sick in bed** since last week.
　詳しく be **ill** in bed もほぼ同じ意味を表す。

267 instead of ～

超ハイレベル

instead はつづりを
間違えやすいので
注意!

▶ I rode my bike **instead of** taking the bus.
　詳しく of のあとに動詞が続くときは，ing形にする。

268 look into ～

超ハイレベル

into は「～の中へ」
という意味。

▶ Jack **looked into** Rina's eyes.

269 day after day

超ハイレベル

関連 day by day

▶ **Day after day**, she waited for a call from her son.

270 turn down ～

超ハイレベル

関連 turn up ～

▶ Can you **turn down** the air conditioner?
　詳しく この down は数量・力などが「下がって」という意味。

111

病気で寝ている

▶ トムは先週から**病気で寝ています**。
Tom has **been** __ __ __ since last week.

〜の代わりに

▶ 私はバスに乗る**代わりに**自分の自転車に乗って行きました。
I rode my bike ___ __ taking the bus.

〜をのぞきこむ, 〜の中を見る

▶ ジャックは里奈の目**をのぞきこみました**。
Jack ___ __ Rina's eyes.

来る日も来る日も

関連 日ごとに, 日に日に

▶ 彼女は**来る日も来る日も**息子からの電話を待ちました。
__ ___ __, she waited for a call from her son.

(明かりなど)を弱くする

関連 (明かりなど)を強める, (音量など)を大きくする

▶ エアコンを弱くしてもらえますか。
Can you __ __ the air conditioner?

271 up to ～

▶ We can borrow **up to** three books at a time.
詳しく 時間・距離・程度などを示して，**「～まで」** というときに使う。

272 be responsible for ～

▶ We **are responsible for** our actions.
詳しく be動詞は，主語と現在・過去かによって使い分ける。

273 one ～, the other ...

2つの物を**対比**していうときに使うよ。

▶ **One** person cuts the vegetables, and **the other** washes them.

274 get along with ～

▶ Do you **get along with** your classmates?

275 take a break

take の代わりに **have** を使うこともあるよ。

▶ We **took a break** after soccer practice.

〜まで

▶ 私たちは一度に3冊**まで**本を借りられます。
We can borrow __ __ three books at a time.

〜に責任がある

▶ 私たちは自分の行動**に責任があります**。
We **are** ___ __ our actions.

一方は〜, もう一方は…

▶ **一方の人は**野菜を切り, **もう一方の人は**それらを洗います。
__ person cuts the vegetables, and __ __ washes them.

〜と仲よくやっていく

▶ あなたはクラスメイト**と仲よくやっています**か。
Do you __ ___ __ your classmates?

ひと休みする

▶ サッカーの練習のあと, 私たちは**ひと休みしました**。
We __ **a** ___ after soccer practice.

276 **look after ～**

関連 take care of ～

▶ I **looked after** Bob's dog while he went out.

277 **at any time**

at は**省略される**こともあるよ。

▶ If you use the Internet, you can get information **at any time**.

278 **lose my way**

主語が he→lose **his** way, she→lose **her** way だよ。

関連 get lost

▶ I have **lost my way**.
詳しく lostは lose の過去形・過去分詞。

279 **happen to ～**

▶ I **happened to** find the letter.
詳しく toのあとは**動詞の原形**が続く。

280 **have no idea**

▶ What is she doing?−I **have no idea**.
詳しく I don't know.もほぼ同じ意味を表す。

～の世話をする

関連 ～の世話をする

▶ 私はボブが外出している間，彼の犬の**世話をしました**。
I ___ ___ Bob's dog while he went out.

いつでも

▶ インターネットを使えば，**いつでも**情報を得ることができます。
If you use the Internet, you can get information ___ ___ ___.

道に迷う

関連 道に迷う，途方にくれる

▶ 私は**道に迷いました**。
I have ___ **my** ___.

偶然～する

▶ 私は**偶然**その手紙を見つけ**ました**。
I ___ ___ find the letter.

わからない，知らない

▶ 彼女は何をしているのですか。－**わかりません**。
What is she doing?－I ___ ___ ___.

281 turn around

▶ Nancy **turned around** when someone tapped on her shoulder.
詳しく aroundの代わりにroundを使うこともある。

282 stand for ~

この stand は「立つ」という意味ではないよ。

▶ NBA **stands for** National Basketball Association.

283 first of all

first（最初に）を強めた言い方だよ。

▶ **First of all**, I want you to know about this problem.
詳しく 順序立てて説明するときなどに使われる。

284 fill ~ with ...

▶ He **filled** the bucket **with** water.
詳しく fill は「満たす，いっぱいにする」という意味。

285 be used to ~

関連 used to ~

▶ They **are used to** speaking Chinese.
詳しく toのあとは，名詞や動詞のing形がくる。

117

ふりむく

▶ だれかがナンシーの肩をたたいたとき，彼女は**ふりむき**ました。
Nancy ___ ___ when someone tapped on her shoulder.

（略語などが）〜を表す

▶ NBAはNational Basketball Association**の略です**。
NBA ___ ___ National Basketball Association.

まず第一に

▶ **まず第一に**，私はあなたにこの問題について知ってもらいたいのです。
___ ___ ___, I want you to know about this problem.

〜を…でいっぱいにする

▶ 彼はバケツを水で**いっぱいにし**ました。
He ___ the bucket ___ water.

〜に慣れている

 関連 よく〜したものだ，〜だった

▶ 彼らは中国語を話すこと**に慣れています**。
They ___ ___ ___ speaking Chinese.

286 bring up ～

超ハイレベル

関連 grow up

▶ It is not easy to **bring up** children.

287 by mistake

超ハイレベル

×by **a** mistake,
×by mistake**s**
とはいわないよ。

▶ John broke the cup **by mistake**.

288 from now on

超ハイレベル

▶ I'll study English every day **from now on**.
詳しく 文の最後だけでなく，最初におくこともある。

289 once more

超ハイレベル

once again もほぼ
同じ意味だよ。

▶ Can you say that **once more**?

290 work on ～

超ハイレベル

▶ They are **working on** a new movie.
詳しく 進行形で使われることが多い。

～を育てる

関連 大人になる, 成長する

▶ 子ども**を育てる**ことは簡単ではありません。
It is not easy to ___ __ children.

間違って

▶ ジョンは**間違って**カップを割ってしまいました。
John broke the cup __ ___.

これからはずっと

▶ **これからはずっと**私は毎日英語を勉強します。
I'll study English every day __ __ __.

もう一度

▶ **もう一度**それを言ってもらえますか。
Can you say that __ __?

～に取り組む

▶ 彼らは新しい映画**に取り組ん**でいます。
They are ___ __ a new movie.

291 after all

関連 in the end

▶ That became a good experience **after all**.

292 be supposed to ～

to のあとは動詞の原形が続く。

▶ Do you know what we **are supposed to** do?
詳しく suppose は「～であろうと思う」という意味。

293 right away

関連 right now

▶ You don't have to answer the question **right away**.

294 deal with ～

▶ You need to **deal with** the hot weather if you live in India.

295 on foot

この on は方法・手段を表して「～で」の意味。

▶ I go to school **on foot** when the weather is nice.
詳しく I **walk to** school ～.と言いかえることもできる。

結局

関連 ついに, 最後は

▶ **結局**, それはいい経験になりました。
That became a good experience ___ ___.

～することになっている

▶ あなたは私たちが何を**することになっている**か知っていますか。
Do you know what we ___ ___ ___ do?

すぐに

関連 今すぐ, ただ今

▶ あなたはその質問に**すぐに**答える必要はありません。
You don't have to answer the question ___ ___.

～に対処する, ～を扱う

▶ インドに住むなら暑い気候**に対処する**必要があります。
You need to ___ ___ the hot weather if you live in India.

徒歩で

▶ 天気がよいときは私は**徒歩で**学校へ行きます。
I go to school ___ ___ when the weather is nice.

296 be absent from 〜

▶ Why **was** Jim **absent from** school last Monday?
　詳しく　be動詞は，主語と現在・過去かによって形を使い分ける。

297 make up my mind

関連 decide to 〜

▶ I haven't **made up my mind** yet.
　詳しく　主語がheなら make up **his** mind，sheなら make up **her** mindとなる。

298 see him off

see と off の間には「人」を表す語句が入るよ。

▶ I'm going to go to the station to **see him off**.
　詳しく　see には「見る，(人)に会う」以外に，**「(人)を送っていく」**という意味もある。

299 believe in 〜

▶ Do you **believe in** heaven?

300 keep in touch

▶ I hope we can **keep in touch**.

～を欠席する

▶ ジムはこの前の月曜日なぜ学校を欠席したのですか。
Why **was** Jim ___ ___ school last Monday?

決心をする

関連 ～しようと決心する

▶ 私はまだ決心していません。
I haven't ___ ___ **my** ___ yet.

彼を見送る

▶ 私は彼を見送るために駅へ行くつもりです。
I'm going to go to the station to ___ **him** ___.

～の存在を信じる

▶ あなたは天国の存在を信じますか。
Do you ___ ___ heaven?

連絡を取り合う

▶ これからも連絡を取り合いたいな。
I hope we can ___ ___ ___.

1 How are you?
—I'm fine, thank you.

詳しく How are you doing? も同じ意味を表す。

2 Nice to meet you.
—Nice to meet you, too.

詳しく 初対面のときに使うあいさつ。

3 Please call me Jenny.

詳しく me のあとに，呼んでもらいたい自分の呼び名を続ける。

4 Thank you.
—You're welcome.

詳しく お礼の表現とそれに対する応答。

5 I'm sorry.
—That's OK.

詳しく あやまるときの表現とそれに対する応答。

お元気ですか。
ー元気です, ありがとう。

詳しく 知り合いに会ったときのあいさつ。

はじめまして。
ーこちらこそ, はじめまして。

私をジェニーと呼んでください。

詳しく 自己紹介をするときに使う。

ありがとう。
ーどういたしまして。

詳しく 「どういたしまして」はMy pleasure.も使う。

ごめんなさい。
ーいいですよ。

6

Excuse me.

詳しく 知らない人に話しかけるときなどに使う。

7

Take care.

詳しく 別れるときのあいさつや病気やけがをした人に対して使う。

8

Have a nice day.
―You, too.

詳しく 人と別れるときのあいさつとしても使う。

9

May I speak to Jim?
―Speaking.

詳しく 電話の会話で使われる表現。

10

Just a minute, please.

詳しく 電話などで使われる。

すみません。／失礼します。

詳しく ちょっとしたことを，あやまるときにも使われる。

じゃあまたね。／お大事に。

よい1日を。
ーあなたもね。

詳しく 出かける人に使うと，「行ってらっしゃい」の意味になる。

[電話で]ジムをお願いします。
ー私です。

少しお待ちください。

詳しく Hold on, please. もほぼ同じ意味で使われる。

11 Can I leave a message?
−Sure.

詳しく 電話での会話で使う表現。このleaveは**「預ける，残す」**の意味。

12 Can I take a message?
−I'll call back later.

詳しく 電話での会話で使う表現。このtakeは**「受け取る」**の意味。

13 May I help you?
−Yes, please. / No, thank you.

詳しく 買い物の場面で使う表現。

14 How much is it?
−It's 1,000 yen.

詳しく 買い物で，支払いをするときに使う表現。

15 I'll take it.

詳しく 買い物の場面で使う表現。

[電話で]伝言を頼めますか。
ーいいですよ。

詳しく 電話で**伝言をたのむ**とき。

[電話で]伝言を預かりましょうか。
ーまたかけ直します。

詳しく 電話で**伝言を受ける**とき。

何かお探しですか。
ーはい, お願いします。／いいえ, 結構です。

詳しく 「見ているだけです」は, I'm just looking. と言う。

それはいくらですか。
ー1000円です。

それにします。／それをください。

詳しく **買うもの**を決めたときに使う。

16
Are you ready to order?
—I'll have steak, please.

詳しく レストランなどで料理を注文するときのやりとり。

17
Can I have a cola?
—Large or small?

詳しく ファーストフード店などで注文するときに使うやりとり。

18
For here or to go?
—To go, please.

詳しく ファーストフード店などで使うやりとり。

19
Anything else?
—That's all.

詳しく ファーストフード店などで，注文を確認するときに使うやりとり。

20
Could you tell me the way to the station?

詳しく 道をたずねるときの表現。

ご注文をうかがってもよろしいですか。
ーステーキをお願いします。

コーラをください。
ーLサイズですか，Sサイズですか。

詳しく 食べ物や飲み物のサイズをたずねる表現。

こちらでお召し上がりですか,お持ち帰りですか。
ー持ち帰りでお願いします。

詳しく 「ここで食べます」なら，For here, please.と応じる。

他にご注文はありますか。
ーそれで全部です。

駅へ行く道を教えていただけませんか。

詳しく 「〜へ行く道」はthe way to 〜で表す。

21 **How can I get to** the post office**?**

詳しく 道をたずねるときの表現。

22 **Which** bus goes to Shinjuku**? —Take** Bus No. 2**.**

詳しく バスや電車など，乗り物の案内で使われるやりとり。

23 **Where should I get off? —Get off at** the second stop**.**

詳しく バスなど，乗り物の案内で使われるやりとり。

24 **How long does it take? —About** ten minutes**.**

詳しく 所要時間のたずね方と答え方。

25 **I'm a stranger here.**

詳しく 道などを聞かれて，わからない場合に使う。

郵便局へはどうやって行けばいいですか。

詳しく Howを使った，道をたずねる表現。

どのバスが新宿へ行きますか。
－2番のバスに乗ってください。

詳しく 「〜に乗る」にはtakeを使う。

どこで降りればいいですか。
－2つ目の駅で降りてください。

どれくらい時間がかかりますか。
－10分くらいです。

詳しく 時間をたずねるときは，itを主語にする。

私はこの辺りはよく知りません。

会話表現

26 May I have your name?

詳しく ていねいにたずねるときの言い方。

会話表現

27 May I ask you a favor?

詳しく 相手に何かお願いするときに使う。

会話表現

28 Would you like to join us? —I'd love to.

詳しく 「〜しませんか」とていねいに誘うときのやりとり。

会話表現

29 What's the purpose of your visit? —Sightseeing.

詳しく 空港の入国審査で行われるやりとり。

会話表現

30 Show me your passport, please. —Here you are.

詳しく 空港の入国審査で行われるやりとり。

名前をうかがってもよろしいですか。

詳しく What's your name?のていねいな言い方。

お願いがあるのですが。

詳しく 「お願い」はa favorを使う。

私たちに加わりませんか。
ーぜひ, よろこんで。

詳しく Do you want to ～?よりもていねいな言い方。

滞在の目的は何ですか。
ー観光です。

詳しく 「目的」はpurpose。

パスポートを見せてください。
ーはい, どうぞ。